여정
필사노트

Season 2. 여수님

이연임 지음 · 여정리더팀 공동연구

Dear Deer

목차

Chapter 1

예수님의 탄생과 족보,
하나님 주신 언약의 성취

Day 1

마태복음 1:18~25

18 예수 그리스도의 나심은 이러하니라 그의 어머니 마리아가 요셉과 약혼하고 동거하기 전에 성령으로 잉태된 것이 나타났더니 19 그의 남편 요셉은 의로운 사람이라 그를 드러 내지 아니하고 가만히 끊고자 하여 20 이 일을 생각할 때에 주의 사자가 현몽하여 이르되 다윗의 자손 요셉아 네 아내 마리아 데려오기를 무서워하지 말라 그에게 잉태된 자는 성 령으로 된 것이라 21 아들을 낳으리니 이름을 예수라 하라 이는 그가 자기 백성을 그들의 죄에서 구원할 자이심이라 하니라 22 이 모든 일이 된 것은 주께서 선지자로 하신 말씀을 이루려 하심이니 이르시되 23 보라 처녀가 잉태하여 아들을 낳을 것이요 그의 이름은 임 마누엘이라 하리라 하셨으니 이를 번역한즉 하나님이 우리와 함께 계시다 함이라 24 요 셉이 잠에서 깨어 일어나 주의 사자의 분부대로 행하여 그의 아내를 데려왔으나 25 아들 을 낳기까지 동침하지 아니하더니 낳으매 이름을 예수라 하니라

필사 Note

Chapter 1 / 예수님의 탄생과 족보, 하나님 주신 언약의 성취

주님과의 대화

1. 오늘 말씀에서 발견한 예수님은 어떤 분이신가요?

2. (당신의 질문) 오늘 예수님께 이야기하고 싶은 것, 묻고 싶은 것을 적어주세요.

"

"

3. (그분의 답변) 주님은 당신의 이야기에, 질문에 무엇이라고 대답하시는 것 같나요? 주님께서 떠오르게 하시는 생각, 말씀, 행동이 있다면 적어보세요.

"

"

Day 2

누가복음 2:5~7

5 그 약혼한 마리아와 함께 호적하러 올라가니 마리아가 이미 잉태하였더라 6 거기 있을 그 때에 해산할 날이 차서 7 첫아들을 낳아 강보로 싸서 구유에 뉘었으니 이는 여관에 있을 곳이 없음이러라

필사 Note

....

....

....

....

....

....

....

....

....

Chapter 1 / 예수님의 탄생과 족보, 하나님 주신 언약의 성취

주님과의 대화

1. 오늘 말씀에서 발견한 예수님은 어떤 분이신가요?

2. (당신의 질문) 오늘 예수님께 이야기하고 싶은 것, 묻고 싶은 것을 적어주세요.

"

„

3. (그분의 답변) 주님은 당신의 이야기에, 질문에 무엇이라고 대답하시는 것 같나요? 주님께서 떠오르게 하시는 생각, 말씀, 행동이 있다면 적어보세요.

"

„

Day 3

히브리서 2:18~3:1

2:18 그가 시험을 받아 고난을 당하셨은즉 시험 받는 자들을 능히 도우실 수 있느니라 3:1 그러므로 함께 하늘의 부르심을 받은 거룩한 형제들아 우리가 믿는 도리의 사도이시며 대제사장이신 예수를 깊이 생각하라

필사 Note

주님과의 대화

1. 오늘 말씀에서 발견한 예수님은 어떤 분이신가요?

2. (당신의 질문) 오늘 예수님께 이야기하고 싶은 것, 묻고 싶은 것을 적어주세요.

"

"

3. (그분의 답변) 주님은 당신의 이야기에, 질문에 무엇이라고 대답하시는 것 같나요? 주님께서 떠오르게 하시는 생각, 말씀, 행동이 있다면 적어보세요.

"

"

Day 4

마태복음 1:1~17

¹ 아브라함과 다윗의 자손 예수 그리스도의 계보라 ² 아브라함이 이삭을 낳고 이삭은 야곱을 낳고 야곱은 유다와 그의 형제들을 낳고 ³ 유다는 다말에게서 베레스와 세라를 낳고 베레스는 헤스론을 낳고 헤스론은 람을 낳고 ⁴ 람은 아미나답을 낳고 아미나답은 나손을 낳고 나손은 살몬을 낳고 ⁵ 살몬은 라합에게서 보아스를 낳고 보아스는 룻에게서 오벳을 낳고 오벳은 이새를 낳고 ⁶ 이새는 다윗 왕을 낳으니라 다윗은 우리야의 아내에게서 솔로몬을 낳고 ⁷ 솔로몬은 르호보암을 낳고 르호보암은 아비야를 낳고 아비야는 아사를 낳고 ⁸ 아사는 여호사밧을 낳고 여호사밧은 요람을 낳고 요람은 웃시야를 낳고 ⁹ 웃시야는 요담을 낳고 요담은 아하스를 낳고 아하스는 히스기야를 낳고 ¹⁰ 히스기야는 므낫세를 낳고 므낫세는 아몬을 낳고 아몬은 요시야를 낳고 ¹¹ 바벨론으로 사로잡혀 갈 때에 요시야는 여고냐와 그의 형제들을 낳으니라 ¹² 바벨론으로 사로잡혀 간 후에 여고냐는 스알디엘을 낳고 스알디엘은 스룹바벨을 낳고 ¹³ 스룹바벨은 아비훗을 낳고 아비훗은 엘리아김을 낳고 엘리아김은 아소르를 낳고 ¹⁴ 아소르는 사독을 낳고 사독은 아킴을 낳고 아킴은 엘리웃을 낳고 ¹⁵ 엘리웃은 엘르아살을 낳고 엘르아살은 맛단을 낳고 맛단은 야곱을 낳고 ¹⁶ 야곱은 마리아의 남편 요셉을 낳았으니 마리아에게서 그리스도라 칭하는 예수가 나시니라 ¹⁷ 그런즉 모든 대 수가 아브라함부터 다윗까지 열네 대요 다윗부터 바벨론으로 사로잡혀 갈 때까지 열네 대요 바벨론으로 사로잡혀 간 후부터 그리스도까지 열네 대더라

필사 Note

_____

_____

_____

_____

_____

_____

_____

_____

Chapter 1 / 예수님의 탄생과 족보, 하나님 주신 언약의 성취

주님과의 대화

1. 오늘 말씀에서 발견한 예수님은 어떤 분이신가요?

2. (당신의 질문) 오늘 예수님께 이야기하고 싶은 것, 묻고 싶은 것을 적어주세요.

> "
>
> "

3. (그분의 답변) 주님은 당신의 이야기에, 질문에 무엇이라고 대답하시는 것 같나요? 주님께서 떠오르게 하시는 생각, 말씀, 행동이 있다면 적어보세요.

> "
>
> "

Day 5

누가복음 3:23~38

²³ 예수께서 가르치심을 시작하실 때에 삼십 세쯤 되시니라 사람들이 아는 대로는 요셉의 아들이니 요셉의 위는 헬리요 ²⁴ 그 위는 맛닷이요 그 위는 레위요 그 위는 멜기요 그 위는 얀나요 그 위는 요셉이요 ²⁵ 그 위는 맛다디아요 그 위는 아모스요 그 위는 나훔이요 그 위는 에슬리요 그 위는 낙개요 ²⁶ 그 위는 마앗이요 그 위는 맛다디아요 그 위는 서머인이요 그 위는 요섹이요 그 위는 요다요 ²⁷ 그 위는 요아난이요 그 위는 레사요 그 위는 스룹바벨이요 그 위는 스알디엘이요 그 위는 네리요 ²⁸ 그 위는 멜기요 그 위는 앗디요 그 위는 고삼이요 그 위는 엘마담이요 그 위는 에르요 ²⁹ 그 위는 예수요 그 위는 엘리에서요 그 위는 요림이요 그 위는 맛닷이요 그 위는 레위요 ³⁰ 그 위는 시므온이요 그 위는 유다요 그 위는 요셉이요 그 위는 요남이요 그 위는 엘리아김이요 ³¹ 그 위는 멜레아요 그 위는 멘나요 그 위는 맛다다요 그 위는 나단이요 그 위는 다윗이요 ³² 그 위는 이새요 그 위는 오벳이요 그 위는 보아스요 그 위는 살몬이요 그 위는 나손이요 ³³ 그 위는 아미나답이요 그 위는 아니요 그 위는 헤스론이요 그 위는 베레스요 그 위는 유다요 ³⁴ 그 위는 야곱이요 그 위는 이삭이요 그 위는 아브라함이요 그 위는 데라요 그 위는 나홀이요 ³⁵ 그 위는 스룩이요 그 위는 르우요 그 위는 벨렉이요 그 위는 헤버요 그 위는 살라요 ³⁶ 그 위는 가이난이요 그 위는 아박삿이요 그 위는 셈이요 그 위는 노아요 그 위는 레멕이요 ³⁷ 그 위는 므두셀라요 그 위는 에녹이요 그 위는 야렛이요 그 위는 마할랄렐이요 그 위는 가이난이요 ³⁸ 그 위는 에노스요 그 위는 셋이요 그 위는 아담이요 그 위는 하나님이시니라

필사 Note

Chapter 1 / 예수님의 탄생과 족보, 하나님 주신 언약의 성취

주님과의 대화

1. 오늘 말씀에서 발견한 예수님은 어떤 분이신가요?

2. (당신의 질문) 오늘 예수님께 이야기하고 싶은 것, 묻고 싶은 것을 적어주세요.

"

"

3. (그분의 답변) 주님은 당신의 이야기에, 질문에 무엇이라고 대답하시는 것 같나요? 주님께서 떠오르게 하시는 생각, 말씀, 행동이 있다면 적어보세요.

"

"

Chapter 2

세례 후 시험받으신 예수님,
광야 그곳에서의 시작

Day 1

누가복음 3:21~23

21 백성이 다 세례를 받을새 예수도 세례를 받으시고 기도하실 때에 하늘이 열리며 22 성령이 비둘기 같은 형체로 그의 위에 강림하시더니 하늘로부터 소리가 나기를 너는 내 사랑하는 아들이라 내가 너를 기뻐하노라 하시니라 23 예수께서 가르치심을 시작하실 때에 삼십 세쯤 되시니라

마태복음 3:13~17

13 이 때에 예수께서 갈릴리로부터 요단 강에 이르러 요한에게 세례를 받으려 하시니 14 요한이 말려 이르되 내가 당신에게서 세례를 받아야 할 터인데 당신이 내게로 오시나이까 15 예수께서 대답하여 이르시되 이제 허락하라 우리가 이와 같이 하여 모든 의를 이루는 것이 합당하니라 하시니 이에 요한이 허락하는지라 16 예수께서 세례를 받으시고 곧 물에서 올라오실새 하늘이 열리고 하나님의 성령이 비둘기 같이 내려 자기 위에 임하심을 보시더니 17 하늘로부터 소리가 있어 말씀하시되 이는 내 사랑하는 아들이요 내 기뻐하는 자라 하시니라

필사 Note

Chapter 2 / 세례 후 시험받으신 예수님, 광야 그곳에서의 시작

주님과의 대화

1. 오늘 말씀에서 발견한 예수님은 어떤 분이신가요?

2. (당신의 질문) 오늘 예수님께 이야기하고 싶은 것, 묻고 싶은 것을 적어주세요.

66

99

3. (그분의 답변) 주님은 당신의 이야기에, 질문에 무엇이라고 대답하시는 것 같나요? 주님께서 떠오르게 하시는 생각, 말씀, 행동이 있다면 적어보세요.

66

99

Day 2

요한복음 1:29~34

²⁹ 이튿날 요한이 예수께서 자기에게 나아오심을 보고 이르되 보라 세상 죄를 지고 가는 하나님의 어린 양이로다 ³⁰ 내가 전에 말하기를 내 뒤에 오는 사람이 있는데 나보다 앞선 것은 그가 나보다 먼저 계심이라 한 것이 이 사람을 가리킴이라 ³¹ 나도 그를 알지 못하였으나 내가 와서 물로 세례를 베푸는 것은 그를 이스라엘에 나타내려 함이라 하니라 ³² 요한이 또 증언하여 이르되 내가 보매 성령이 비둘기 같이 하늘로부터 내려와서 그의 위에 머물렀더라 ³³ 나도 그를 알지 못하였으나 나를 보내어 물로 세례를 베풀라 하신 그이가 나에게 말씀하시되 성령이 내려서 누구 위에든지 머무는 것을 보거든 그가 곧 성령으로 세례를 베푸는 이인 줄 알라 하셨기에 ³⁴ 내가 보고 그가 하나님의 아들이심을 증언하였노라 하니라

마가복음 1:9~11

⁹ 그 때에 예수께서 갈릴리 나사렛으로부터 와서 요단 강에서 요한에게 세례를 받으시고 ¹⁰ 곧 물에서 올라오실새 하늘이 갈라짐과 성령이 비둘기 같이 자기에게 내려오심을 보시더니 ¹¹ 하늘로부터 소리가 나기를 너는 내 사랑하는 아들이라 내가 너를 기뻐하노라 하시니라

필사 Note

주님과의 대화

1. 오늘 말씀에서 발견한 예수님은 어떤 분이신가요?

2. (당신의 질문) 오늘 예수님께 이야기하고 싶은 것, 묻고 싶은 것을 적어주세요.

"

"

3. (그분의 답변) 주님은 당신의 이야기에, 질문에 무엇이라고 대답하시는 것 같나요? 주님께서 떠오르게 하시는 생각, 말씀, 행동이 있다면 적어보세요.

"

"

Day 3

마태복음 4:1~2

¹ 그 때에 예수께서 성령에게 이끌리어 마귀에게 시험을 받으러 광야로 가사 ² 사십 일을 밤낮으로 금식하신 후에 주리신지라

마가복음 1:12~13

¹² 성령이 곧 예수를 광야로 몰아내신지라 ¹³ 광야에서 사십 일을 계시면서 사탄에게 시험을 받으시며

누가복음 4:1~2

¹ 예수께서 성령의 충만함을 입어 요단 강에서 돌아오사 광야에서 사십 일 동안 성령에게 이끌리시며 ² 마귀에게 시험을 받으시더라 이 모든 날에 아무 것도 잡수시지 아니하시니 날 수가 다하매 주리신지라

마태복음 4:3~4

³ 시험하는 자가 예수께 나아와서 이르되 네가 만일 하나님의 아들이어든 명하여 이 돌들로 떡덩이가 되게 하라 ⁴ 예수께서 대답하여 이르시되 기록되었으되 사람이 떡으로만 살 것이 아니요 하나님의 입으로부터 나오는 모든 말씀으로 살 것이라 하였느니라 하시니

누가복음 4:3~4

³ 마귀가 이르되 네가 만일 하나님의 아들이어든 이 돌들에게 명하여 떡이 되게 하라 ⁴ 예수께서 대답하시되 기록된 바 사람이 떡으로만 살 것이 아니라 하였느니라

필사 Note

주님과의 대화

1. 오늘 말씀에서 발견한 예수님은 어떤 분이신가요?

2. (당신의 질문) 오늘 예수님께 이야기하고 싶은 것, 묻고 싶은 것을 적어주세요.

"

"

3. (그분의 답변) 주님은 당신의 이야기에, 질문에 무엇이라고 대답하시는 것 같나요? 주님께서 떠오르게 하시는 생각, 말씀, 행동이 있다면 적어보세요.

"

"

Day 4

마태복음 7:7~11

7 구하라 그리하면 너희에게 주실 것이요 찾으라 그리하면 찾아낼 것이요 문을 두드리라 그리하면 너희에게 열릴 것이니 8 구하는 이마다 받을 것이요 찾는 이는 찾아낼 것이요 두드리는 이에게는 열릴 것이니라 9 너희 중에 누가 아들이 떡을 달라 하는데 돌을 주며 10 생선을 달라 하는데 뱀을 줄 사람이 있겠느냐 11 너희가 악한 자라도 좋은 것으로 자식에게 줄 줄 알거든 하물며 하늘에 계신 너희 아버지께서 구하는 자에게 좋은 것으로 주시지 않겠느냐

빌립보서 4:6~7

6 아무 것도 염려하지 말고 다만 모든 일에 기도와 간구로, 너희 구할 것을 감사함으로 하나님께 아뢰라 7 그리하면 모든 지각에 뛰어난 하나님의 평강이 그리스도 예수 안에서 너희 마음과 생각을 지키시리라

마태복음 4:8~10

8 마귀가 또 그를 데리고 지극히 높은 산으로 가서 천하 만국과 그 영광을 보여 9 이르되 만일 내게 엎드려 경배하면 이 모든 것을 네게 주리라 10 이에 예수께서 말씀하시되 사탄아 물러가라 기록되었으되 주 너의 하나님께 경배하고 다만 그를 섬기라 하였느니라

누가복음 4:5~8

5 마귀가 또 예수를 이끌고 올라가서 순식간에 천하 만국을 보이며 6 이르되 이 모든 권위와 그 영광을 내가 네게 주리라 이것은 내게 넘겨 준 것이므로 내가 원하는 자에게 주노라 7 그러므로 네가 만일 내게 절하면 다 네 것이 되리라 8 예수께서 대답하여 이르시되 기록된 바 주 너의 하나님께 경배하고 다만 그를 섬기라 하였느니라

필사 Note

주님과의 대화

1. 오늘 말씀에서 발견한 예수님은 어떤 분이신가요?

2. (당신의 질문) 오늘 예수님께 이야기하고 싶은 것, 묻고 싶은 것을 적어주세요.

66

99

3. (그분의 답변) 주님은 당신의 이야기에, 질문에 무엇이라고 대답하시는 것 같나요? 주님께서 떠오르게 하시는 생각, 말씀, 행동이 있다면 적어보세요.

66

99

Day 5

에베소서 1:3~6

³ 찬송하리로다 하나님 곧 우리 주 예수 그리스도의 아버지께서 그리스도 안에서 하늘에 속한 모든 신령한 복을 우리에게 주시되 ⁴ 곧 창세 전에 그리스도 안에서 우리를 택하사 우리로 사랑 안에서 그 앞에 거룩하고 흠이 없게 하시려고 ⁵ 그 기쁘신 뜻대로 우리를 예정하사 예수 그리스도로 말미암아 자기의 아들들이 되게 하셨으니 ⁶ 이는 그가 사랑하시는 자 안에서 우리에게 거저 주시는 바 그의 은혜의 영광을 찬송하게 하려는 것이라

히브리서 11:6

믿음이 없이는 하나님을 기쁘시게 하지 못하나니 하나님께 나아가는 자는 반드시 그가 계신 것과 또한 그가 자기를 찾는 자들에게 상 주시는 이심을 믿어야 할지니라

마태복음 4:5~7

⁵ 이에 마귀가 예수를 거룩한 성으로 데려다가 성전 꼭대기에 세우고 ⁶ 이르되 네가 만일 하나님의 아들이어든 뛰어내리라 기록되었으되 그가 너를 위하여 그의 사자들을 명하시리니 그들이 손으로 너를 받들어 발이 돌에 부딪치지 않게 하리로다 하였느니라 ⁷ 예수께서 이르시되 또 기록되었으되 주 너의 하나님을 시험하지 말라 하였느니라 하시니

누가복음 4:9~12

⁹ 또 이끌고 예루살렘으로 가서 성전 꼭대기에 세우고 이르되 네가 만일 하나님의 아들이어든 여기서 뛰어내리라 ¹⁰ 기록되었으되 하나님이 너를 위하여 그 사자들을 명하사 너를 지키게 하시리라 하였고 ¹¹ 또한 그들이 손으로 너를 받들어 네 발이 돌에 부딪치지 않게 하시리라 하였느니라 ¹² 예수께서 대답하여 이르시되 주 너의 하나님을 시험하지 말라 하였느니라

이사야 14:10

그들은 다 네게 말하여 이르기를 너도 우리 같이 연약하게 되었느냐 너도 우리 같이 되었느냐 하리로다

필사 Note

Chapter 2 / 세례 후 시험받으신 예수님, 광야 그곳에서의 시작

주님과의 대화

1. 오늘 말씀에서 발견한 예수님은 어떤 분이신가요?

2. (당신의 질문) 오늘 예수님께 이야기하고 싶은 것, 묻고 싶은 것을 적어주세요.

“

”

3. (그분의 답변) 주님은 당신의 이야기에, 질문에 무엇이라고 대답하시는 것 같나요? 주님께서 떠오르게 하시는 생각, 말씀, 행동이 있다면 적어보세요.

“

”

Chapter 3

병 고치신 예수님,
치유 중 보이신 본심

Day 1

마가복음 1:40~45

⁴⁰ 한 나병환자가 예수께 와서 꿇어 엎드려 간구하여 이르되 원하시면 저를 깨끗하게 하실 수 있나이다 ⁴¹ 예수께서 불쌍히 여기사 손을 내밀어 그에게 대시며 이르시되 내가 원하노니 깨끗함을 받으라 하시니 ⁴² 곧 나병이 그 사람에게서 떠나가고 깨끗하여진지라 ⁴³ 곧 보내시며 엄히 경고하사 ⁴⁴ 이르시되 삼가 아무에게 아무 말도 하지 말고 가서 네 몸을 제사장에게 보이고 네가 깨끗하게 되었으니 모세가 명한 것을 드려 그들에게 입증하라 하셨더라 ⁴⁵ 그러나 그 사람이 나가서 이 일을 많이 전파하여 널리 퍼지게 하니 그러므로 예수께서 다시는 드러나게 동네에 들어가지 못하시고 오직 바깥 한적한 곳에 계셨으나 사방에서 사람들이 그에게로 나아오더라

필사 Note

Chapter 3 / 병 고치신 예수님, 치유 중 보이신 본심

주님과의 대화

1. 오늘 말씀에서 발견한 예수님은 어떤 분이신가요?

2. (당신의 질문) 오늘 예수님께 이야기하고 싶은 것, 묻고 싶은 것을 적어주세요.

"

"

3. (그분의 답변) 주님은 당신의 이야기에, 질문에 무엇이라고 대답하시는 것 같나요? 주님께서 떠오르게 하시는 생각, 말씀, 행동이 있다면 적어보세요.

"

"

Day 2

마가복음 5:25~29

25 열두 해를 혈루증으로 앓아 온 한 여자가 있어 26 많은 의사에게 많은 괴로움을 받았고 가진 것도 다 허비하였으되 아무 효험이 없고 도리어 더 중하여졌던 차에 27 예수의 소문을 듣고 무리 가운데 끼어 뒤로 와서 그의 옷에 손을 대니 28 이는 내가 그의 옷에만 손을 대어도 구원을 받으리라 생각함일러라 29 이에 그의 혈루 근원이 곧 마르매 병이 나은 줄을 몸에 깨달으니라

필사 Note

주님과의 대화

1. 오늘 말씀에서 발견한 예수님은 어떤 분이신가요?

2. (당신의 질문) 오늘 예수님께 이야기하고 싶은 것, 묻고 싶은 것을 적어주세요.

"

"

3. (그분의 답변) 주님은 당신의 이야기에, 질문에 무엇이라고 대답하시는 것 같나요? 주님께서 떠오르게 하시는 생각, 말씀, 행동이 있다면 적어보세요.

"

"

Day 3

마가복음 5:30~34

30 예수께서 그 능력이 자기에게서 나간 줄을 곧 스스로 아시고 무리 가운데서 돌이켜 말씀하시되 누가 내 옷에 손을 대었느냐 하시니 31 제자들이 여짜오되 무리가 에워싸 미는 것을 보시며 누가 내게 손을 대었느냐 물으시나이까 하되 32 예수께서 이 일 행한 여자를 보려고 둘러 보시니 33 여자가 자기에게 이루어진 일을 알고 두려워하여 떨며 와서 그 앞에 엎드려 모든 사실을 여쭈니 34 예수께서 이르시되 딸아 네 믿음이 너를 구원하였으니 평안히 가라 네 병에서 놓여 건강할지어다

필사 Note

....

....

....

....

....

....

....

....

주님과의 대화

1. 오늘 말씀에서 발견한 예수님은 어떤 분이신가요?

2. (당신의 질문) 오늘 예수님께 이야기하고 싶은 것, 묻고 싶은 것을 적어주세요.

"

"

3. (그분의 답변) 주님은 당신의 이야기에, 질문에 무엇이라고 대답하시는 것 같나요? 주님께서 떠오르게 하시는 생각, 말씀, 행동이 있다면 적어보세요.

"

"

Day 4

마가복음 5:21~24

21 예수께서 배를 타시고 다시 맞은편으로 건너가시니 큰 무리가 그에게로 모이거늘 이에 바닷가에 계시더니 22 회당장 중의 하나인 야이로라 하는 이가 와서 예수를 보고 발아래 엎드리어 23 간곡히 구하여 이르되 내 어린 딸이 죽게 되었사오니 오셔서 그 위에 손을 얹으사 그로 구원을 받아 살게 하소서 하거늘 24 이에 그와 함께 가실새 큰 무리가 따라가며 에워싸 밀더라

필사 Note

Chapter 3 / 병 고치신 예수님, 치유 중 보이신 본심

주님과의 대화

1. 오늘 말씀에서 발견한 예수님은 어떤 분이신가요?

2. (당신의 질문) 오늘 예수님께 이야기하고 싶은 것, 묻고 싶은 것을 적어주세요.

"

"

3. (그분의 답변) 주님은 당신의 이야기에, 질문에 무엇이라고 대답하시는 것 같나요? 주님께서 떠오르게 하시는 생각, 말씀, 행동이 있다면 적어보세요.

"

"

Day 5

누가복음 8:41~44

41 이에 회당장인 야이로라 하는 사람이 와서 예수의 발 아래에 엎드려 자기 집에 오시기를 간구하니 42 이는 자기에게 열두 살 된 외딸이 있어 죽어감이러라 예수께서 가실 때에 무리가 밀려들더라 43 이에 열두 해를 혈루증으로 앓는 중에 아무에게도 고침을 받지 못하던 여자가 44 예수의 뒤로 와서 그의 옷 가에 손을 대니 혈루증이 즉시 그쳤더라

필사 Note

Chapter 3 / 병 고치신 예수님, 치유 중 보이신 본심

주님과의 대화

1. 오늘 말씀에서 발견한 예수님은 어떤 분이신가요?

2. (당신의 질문) 오늘 예수님께 이야기하고 싶은 것, 묻고 싶은 것을 적어주세요.

"

,,

3. (그분의 답변) 주님은 당신의 이야기에, 질문에 무엇이라고 대답하시는 것 같나요? 주님께서 떠오르게 하시는 생각, 말씀, 행동이 있다면 적어보세요.

"

,,

Chapter 4

거절당하신 예수님,
거절에 휘둘리지 않는 대응

Day 1

누가복음 5:17~26

17 하루는 가르치실 때에 갈릴리의 각 마을과 유대와 예루살렘에서 온 바리새인과 율법교사들이 앉았는데 병을 고치는 주의 능력이 예수와 함께 하더라 18 한 중풍병자를 사람들이 침상에 메고 와서 예수 앞에 들여놓고자 하였으나 19 무리 때문에 메고 들어갈 길을 얻지 못한지라 지붕에 올라가 기와를 벗기고 병자를 침상째 무리 가운데로 예수 앞에 달아 내리니 20 예수께서 그들의 믿음을 보시고 이르시되 이 사람아 네 죄 사함을 받았느니라 하시니 21 서기관과 바리새인들이 생각하여 이르되 이 신성 모독 하는 자가 누구냐 오직 하나님 외에 누가 능히 죄를 사하겠느냐 22 예수께서 그 생각을 아시고 대답하여 이르시되 너희 마음에 무슨 생각을 하느냐 23 네 죄 사함을 받았느니라 하는 말과 일어나 걸어가라 하는 말이 어느 것이 쉽겠느냐 24 그러나 인자가 땅에서 죄를 사하는 권세가 있는 줄을 너희로 알게 하리라 하시고 중풍병자에게 말씀하시되 내가 네게 이르노니 일어나 네 침상을 가지고 집으로 가라 하시매 25 그 사람이 그들 앞에서 곧 일어나 그 누웠던 것을 가지고 하나님께 영광을 돌리며 자기 집으로 돌아가니 26 모든 사람이 놀라 하나님께 영광을 돌리며 심히 두려워하여 이르되 오늘 우리가 놀라운 일을 보았다 하니라

필사 Note

주님과의 대화

1. 오늘 말씀에서 발견한 예수님은 어떤 분이신가요?

2. (당신의 질문) 오늘 예수님께 이야기하고 싶은 것, 묻고 싶은 것을 적어주세요.

"

"

3. (그분의 답변) 주님은 당신의 이야기에, 질문에 무엇이라고 대답하시는 것 같나요? 주님께서 떠오르게 하시는 생각, 말씀, 행동이 있다면 적어보세요.

"

"

Day 2

마가복음 2:23~28

23 안식일에 예수께서 밀밭 사이로 지나가실새 그의 제자들이 길을 열며 이삭을 자르니 24 바리새인들이 예수께 말하되 보시오 저들이 어찌하여 안식일에 하지 못할 일을 하나이까 25 예수께서 이르시되 다윗이 자기와 및 함께 한 자들이 먹을 것이 없어 시장할 때에 한 일을 읽지 못하였느냐 26 그가 아비아달 대제사장 때에 하나님의 전에 들어가서 제사장 외에는 먹어서는 안 되는 진설병을 먹고 함께 한 자들에게도 주지 아니하였느냐 27 또 이르시되 안식일이 사람을 위하여 있는 것이요 사람이 안식일을 위하여 있는 것이 아니니 28 이러므로 인자는 안식일에도 주인이니라

필사 Note

주님과의 대화

1. 오늘 말씀에서 발견한 예수님은 어떤 분이신가요?

2. (당신의 질문) 오늘 예수님께 이야기하고 싶은 것, 묻고 싶은 것을 적어주세요.

    "

                                                    "

3. (그분의 답변) 주님은 당신의 이야기에, 질문에 무엇이라고 대답하시는 것 같나요? 주님께서 떠오르게 하시는 생각, 말씀, 행동이 있다면 적어보세요.

    "

                                                    "

Day 3

마가복음 7:1~9

1 바리새인들과 또 서기관 중 몇이 예루살렘에서 와서 예수께 모여들었다가 2 그의 제자 중 몇 사람이 부정한 손 곧 씻지 아니한 손으로 떡 먹는 것을 보았더라 3 바리새인들과 모든 유대인들은 장로들의 전통을 지키어 손을 잘 씻지 않고서는 음식을 먹지 아니하며 4 또 시장에서 돌아와서도 물을 뿌리지 않고서는 먹지 아니하며 그 외에도 여러 가지를 지키어 오는 것이 있으니 잔과 주발과 놋그릇을 씻음이러라) 5 이에 바리새인들과 서기 관들이 예수께 묻되 어찌하여 당신의 제자들은 장로들의 전통을 준행하지 아니하고 부 정한 손으로 떡을 먹나이까 6 이르시되 이사야가 너희 외식하는 자에 대하여 잘 예언하 였도다 기록하였으되 이 백성이 입술로는 나를 공경하되 마음은 내게서 멀도다 7 사람 의 계명으로 교훈을 삼아 가르치니 나를 헛되이 경배하는도다 하였느니라 8 너희가 하 나님의 계명은 버리고 사람의 전통을 지키느니라 9 또 이르시되 너희가 너희 전통을 지 키려고 하나님의 계명을 잘 저버리는도다

필사 Note

Chapter 4 / 거절당하신 예수님, 거절에 휘둘리지 않는 대응

주님과의 대화

1. 오늘 말씀에서 발견한 예수님은 어떤 분이신가요?

2. (당신의 질문) 오늘 예수님께 이야기하고 싶은 것, 묻고 싶은 것을 적어주세요.

"

"

3. (그분의 답변) 주님은 당신의 이야기에, 질문에 무엇이라고 대답하시는 것 같나요? 주님께서 떠오르게 하시는 생각, 말씀, 행동이 있다면 적어보세요.

"

"

Day 4

마태복음 12:22~26

²² 그 때에 귀신 들려 눈 멀고 말 못하는 사람을 데리고 왔거늘 예수께서 고쳐 주시매 그 말 못하는 사람이 말하며 보게 된지라 ²³ 무리가 다 놀라 이르되 이는 다윗의 자손이 아니냐 하니 ²⁴ 바리새인들은 듣고 이르되 이가 귀신의 왕 바알세불을 힘입지 않고는 귀신을 쫓아내지 못하느니라 하거늘 ²⁵ 예수께서 그들의 생각을 아시고 이르시되 스스로 분쟁하는 나라마다 황폐하여질 것이요 스스로 분쟁하는 동네나 집마다 서지 못하리라 ²⁶ 만일 사탄이 사탄을 쫓아내면 스스로 분쟁하는 것이니 그리하고야 어떻게 그의 나라가 서겠느냐

필사 Note

Chapter 4 / 거절당하신 예수님, 거절에 휘둘리지 않는 대응

주님과의 대화

1. 오늘 말씀에서 발견한 예수님은 어떤 분이신가요?

2. (당신의 질문) 오늘 예수님께 이야기하고 싶은 것, 묻고 싶은 것을 적어주세요.

"

"

3. (그분의 답변) 주님은 당신의 이야기에, 질문에 무엇이라고 대답하시는 것 같나요? 주님께서 떠오르게 하시는 생각, 말씀, 행동이 있다면 적어보세요.

"

"

Day 5

마태복음 12:27~30

27 또 내가 바알세불을 힘입어 귀신을 쫓아내면 너희의 아들들은 누구를 힘입어 쫓아내느냐 그러므로 그들이 너희의 재판관이 되리라 28 그러나 내가 하나님의 성령을 힘입어 귀신을 쫓아내는 것이면 하나님의 나라가 이미 너희에게 임하였느니라 29 사람이 먼저 강한 자를 결박하지 않고서야 어떻게 그 강한 자의 집에 들어가 그 세간을 강탈하겠느냐 결박한 후에야 그 집을 강탈하리라 30 나와 함께 아니하는 자는 나를 반대하는 자요 나와 함께 모으지 아니하는 자는 헤치는 자니라

필사 Note

Chapter 4 / 거절당하신 예수님, 거절에 휘둘리지 않는 대응

주님과의 대화

1. 오늘 말씀에서 발견한 예수님은 어떤 분이신가요?

2. (당신의 질문) 오늘 예수님께 이야기하고 싶은 것, 묻고 싶은 것을 적어주세요.

" "

3. (그분의 답변) 주님은 당신의 이야기에, 질문에 무엇이라고 대답하시는 것 같나요? 주님께서 떠오르게 하시는 생각, 말씀, 행동이 있다면 적어보세요.

" "

Chapter 5

예루살렘으로 올라가시는 예수님,
길 위에서 드러난 동상이몽

Day 1

누가복음 9:51
예수께서 승천하실 기약이 차가매 예루살렘을 향하여 올라가기로 굳게 결심하시고

마태복음 16:15~18
15 이르시되 너희는 나를 누구라 하느냐 16 시몬 베드로가 대답하여 이르되 주는 그리스도시요 살아 계신 하나님의 아들이시니이다 17 예수께서 대답하여 이르시되 바요나 시몬아 네가 복이 있도다 이를 네게 알게 한 이는 혈육이 아니요 하늘에 계신 내 아버지시니라 18 또 내가 네게 이르노니 너는 베드로라 내가 이 반석 위에 내 교회를 세우리니 음부의 권세가 이기지 못하리라

마태복음 16:21~24
21 이 때로부터 예수 그리스도께서 자기가 예루살렘에 올라가 장로들과 대제사장들과 서기관들에게 많은 고난을 받고 죽임을 당하고 제삼일에 살아나야 할 것을 제자들에게 비로소 나타내시니 22 베드로가 예수를 붙들고 항변하여 이르되 주여 그리 마옵소서 이 일이 결코 주께 미치지 아니하리이다 23 예수께서 돌이키시며 베드로에게 이르시되 사탄아 내 뒤로 물러 가라 너는 나를 넘어지게 하는 자로다 네가 하나님의 일을 생각하지 아니하고 도리어 사람의 일을 생각하는도다 하시고 24 이에 예수께서 제자들에게 이르시되 누구든지 나를 따라오려거든 자기를 부인하고 자기 십자가를 지고 나를 따를 것이니라

필사 Note

Chapter 5 / 예루살렘으로 올라가시는 예수님, 길 위에서 드러난 동상이몽

주님과의 대화

1. 오늘 말씀에서 발견한 예수님은 어떤 분이신가요?

2. (당신의 질문) 오늘 예수님께 이야기하고 싶은 것, 묻고 싶은 것을 적어주세요.

66

99

3. (그분의 답변) 주님은 당신의 이야기에, 질문에 무엇이라고 대답하시는 것 같나요? 주님께서 떠오르게 하시는 생각, 말씀, 행동이 있다면 적어보세요.

66

99

Day 2

마태복음 16:27~28

²⁷ 인자가 아버지의 영광으로 그 천사들과 함께 오리니 그 때에 각 사람이 행한 대로 갚으리라 ²⁸ 진실로 너희에게 이르노니 여기 서 있는 사람 중에 죽기 전에 인자가 그 왕권을 가지고 오는 것을 볼 자들도 있느니라

마태복음 17:1~4

¹ 엿새 후에 예수께서 베드로와 야고보와 그 형제 요한을 데리시고 따로 높은 산에 올라가셨더니 ² 그들 앞에서 변형되사 그 얼굴이 해 같이 빛나며 옷이 빛과 같이 희어졌더라 ³ 그 때에 모세와 엘리야가 예수와 더불어 말하는 것이 그들에게 보이거늘 ⁴ 베드로가 예수께 여쭈어 이르되 주여 우리가 여기 있는 것이 좋사오니 만일 주께서 원하시면 내가 여기서 초막 셋을 짓되 하나는 주님을 위하여, 하나는 모세를 위하여, 하나는 엘리야를 위하여 하리이다

마태복음 17:22~23

²² 갈릴리에 모일 때에 예수께서 제자들에게 이르시되 인자가 장차 사람들의 손에 넘겨져 ²³ 죽임을 당하고 제삼일에 살아나리라 하시니 제자들이 매우 근심하더라

필사 Note

Chapter 5 / 예루살렘으로 올라가시는 예수님, 길 위에서 드러난 동상이몽

주님과의 대화

1. 오늘 말씀에서 발견한 예수님은 어떤 분이신가요?

2. (당신의 질문) 오늘 예수님께 이야기하고 싶은 것, 묻고 싶은 것을 적어주세요.

"

„

3. (그분의 답변) 주님은 당신의 이야기에, 질문에 무엇이라고 대답하시는 것 같나요? 주님께서 떠오르게 하시는 생각, 말씀, 행동이 있다면 적어보세요.

"

„

Day 3

마태복음 18:1~4

¹ 그 때에 제자들이 예수께 나아와 이르되 천국에서는 누가 크니이까 ² 예수께서 한 어린 아이를 불러 그들 가운데 세우시고 ³ 이르시되 진실로 너희에게 이르노니 너희가 돌이켜 어린 아이들과 같이 되지 아니하면 결단코 천국에 들어가지 못하리라 ⁴ 그러므로 누구든지 이 어린 아이와 같이 자기를 낮추는 사람이 천국에서 큰 자니라

마가복음 9:33~35

³³ 가버나움에 이르러 집에 계실새 제자들에게 물으시되 너희가 길에서 서로 토론한 것이 무엇이냐 하시되 ³⁴ 그들이 잠잠하니 이는 길에서 서로 누가 크냐 하고 쟁론하였음이라 ³⁵ 예수께서 앉으사 열두 제자를 불러서 이르시되 누구든지 첫째가 되고자 하면 뭇 사람의 끝이 되며 뭇 사람을 섬기는 자가 되어야 하리라 하시고

마가복음 9:38~40

³⁸ 요한이 예수께 여짜오되 선생님 우리를 따르지 않는 어떤 자가 주의 이름으로 귀신을 내쫓는 것을 우리가 보고 우리를 따르지 아니하므로 금하였나이다 ³⁹ 예수께서 이르시되 금하지 말라 내 이름을 의탁하여 능한 일을 행하고 즉시로 나를 비방할 자가 없느니라 ⁴⁰ 우리를 반대하지 않는 자는 우리를 위하는 자니라

마태복음 20:17~19

¹⁷ 예수께서 예루살렘으로 올라가려 하실 때에 열두 제자를 따로 데리시고 길에서 이르시되 ¹⁸ 보라 우리가 예루살렘으로 올라가노니 인자가 대제사장들과 서기관들에게 넘겨지매 그들이 죽이기로 결의하고 ¹⁹ 이방인들에게 넘겨 주어 그를 조롱하며 채찍질하며 십자가에 못 박게 할 것이나 제삼일에 살아나리라

필사 Note

주님과의 대화

1. 오늘 말씀에서 발견한 예수님은 어떤 분이신가요?

2. (당신의 질문) 오늘 예수님께 이야기하고 싶은 것, 묻고 싶은 것을 적어주세요.

"

"

3. (그분의 답변) 주님은 당신의 이야기에, 질문에 무엇이라고 대답하시는 것 같나요? 주님께서 떠오르게 하시는 생각, 말씀, 행동이 있다면 적어보세요.

"

"

Day 4

마태복음 20:20~28

²⁰ 그 때에 세베대의 아들의 어머니가 그 아들들을 데리고 예수께 와서 절하며 무엇을 구하니 ²¹ 예수께서 이르시되 무엇을 원하느냐 이르되 나의 이 두 아들을 주의 나라에서 하나는 주의 우편에, 하나는 주의 좌편에 앉게 명하소서 ²² 예수께서 대답하여 이르시되 너희는 너희가 구하는 것을 알지 못하는도다 내가 마시려는 잔을 너희가 마실 수 있느냐 그들이 말하되 할 수 있나이다 ²³ 이르시되 너희가 과연 내 잔을 마시려니와 내 좌우편에 앉는 것은 내가 주는 것이 아니라 내 아버지께서 누구를 위하여 예비하셨든지 그들이 얻을 것이니라 ²⁴ 열 제자가 듣고 그 두 형제에 대하여 분히 여기거늘 ²⁵ 예수께서 제자들을 불러다가 이르시되 이방인의 집권자들이 그들을 임의로 주관하고 그 고관들이 그들에게 권세를 부리는 줄을 너희가 알거니와 ²⁶ 너희 중에는 그렇지 않아야 하나니 너희 중에 누구든지 크고자 하는 자는 너희를 섬기는 자가 되고 ²⁷ 너희 중에 누구든지 으뜸이 되고자 하는 자는 너희의 종이 되어야 하리라 ²⁸ 인자가 온 것은 섬김을 받으려 함이 아니라 도리어 섬기려 하고 자기 목숨을 많은 사람의 대속물로 주려 함이니라

필사 Note

Chapter 5 / 예루살렘으로 올라가시는 예수님, 길 위에서 드러난 동상이몽

주님과의 대화

1. 오늘 말씀에서 발견한 예수님은 어떤 분이신가요?

2. (당신의 질문) 오늘 예수님께 이야기하고 싶은 것, 묻고 싶은 것을 적어주세요.

"

"

3. (그분의 답변) 주님은 당신의 이야기에, 질문에 무엇이라고 대답하시는 것 같나요? 주님께서 떠오르게 하시는 생각, 말씀, 행동이 있다면 적어보세요.

"

"

Day 5

마가복음 10:35~37, 41

³⁵ 세베대의 아들 야고보와 요한이 주께 나아와 여짜오되 선생님이여 무엇이든지 우리가 구하는 바를 우리에게 하여 주시기를 원하옵나이다 ³⁶ 이르시되 너희에게 무엇을 하여 주기를 원하느냐 ³⁷ 여짜오되 주의 영광중에서 우리를 하나는 주의 우편에, 하나는 좌편에 앉게 하여 주옵소서 ⁴¹ 열 제자가 듣고 야고보와 요한에 대하여 화를 내거늘

필사 Note

주님과의 대화

1. 오늘 말씀에서 발견한 예수님은 어떤 분이신가요?

2. (당신의 질문) 오늘 예수님께 이야기하고 싶은 것, 묻고 싶은 것을 적어주세요.

"

„

3. (그분의 답변) 주님은 당신의 이야기에, 질문에 무엇이라고 대답하시는 것 같나요? 주님께서 떠오르게 하시는 생각, 말씀, 행동이 있다면 적어보세요.

"

„

Chapter 6

예루살렘에서의 예수님,
하나님의 참뜻을 찾는 논쟁

Day 1

요한복음 12:10~19

¹⁰ 대제사장들이 나사로까지 죽이려고 모의하니 ¹¹ 나사로 때문에 많은 유대인이 가서 예수를 믿음이러라 ¹² 그 이튿날에는 명절에 온 큰 무리가 예수께서 예루살렘으로 오신다는 것을 듣고 ¹³ 종려나무 가지를 가지고 맞으러 나가 외치되 호산나 찬송하리로다 주의 이름으로 오시는 이 곧 이스라엘의 왕이시여 하더라 ¹⁴ 예수는 한 어린 나귀를 보고 타시니 ¹⁵ 이는 기록된 바 시온 딸아 두려워하지 말라 보라 너의 왕이 나귀 새끼를 타고 오신다 함과 같더라 ¹⁶ 제자들은 처음에 이 일을 깨닫지 못하였다가 예수께서 영광을 얻으신 후에야 이것이 예수께 대하여 기록된 것임과 사람들이 예수께 이같이 한 것임이 생각났더라 ¹⁷ 나사로를 무덤에서 불러내어 죽은 자 가운데서 살리실 때에 함께 있던 무리가 증언한지라 ¹⁸ 이에 무리가 예수를 맞음은 이 표적 행하심을 들었음이러라 ¹⁹ 바리새인들이 서로 말하되 볼지어다 너희 하는 일이 쓸 데 없다 보라 온 세상이 그를 따르는도다 하니라

필사 Note

주님과의 대화

1. 오늘 말씀에서 발견한 예수님은 어떤 분이신가요?

2. (당신의 질문) 오늘 예수님께 이야기하고 싶은 것, 묻고 싶은 것을 적어주세요.

66

"

3. (그분의 답변) 주님은 당신의 이야기에, 질문에 무엇이라고 대답하시는 것 같나요? 주님께서 떠오르게 하시는 생각, 말씀, 행동이 있다면 적어보세요.

66

"

Day 2

마태복음 21:12~13

12 예수께서 성전에 들어가사 성전 안에서 매매하는 모든 자를 내어쫓으시며 돈 바꾸는 자들의 상과 비둘기 파는 자들의 의자를 둘러 엎으시고 13 저희에게 이르시되 기록된바 내 집은 기도하는 집이라 일컬음을 받으리라 하였거늘 너희는 강도의 굴혈을 만드는도다 하시니라

요한복음 2:13-17

13 유대인의 유월절이 가까운지라 예수께서 예루살렘으로 올라가셨더니 14 성전 안에서 소와 양과 비둘기 파는 사람들과 돈 바꾸는 사람들의 앉은 것을 보시고 15 노끈으로 채찍을 만드사 양이나 소를 다 성전에서 내어 쫓으시 고 돈 바꾸는 사람들의 돈을 쏟으시며 상을 엎으시고 16 비둘기 파는 사람들에게 이르시되 이것을 여기서 가져가라 내 버지의 집으로 장사하는 집을 만들지 말라 하시니 17 제자들이 성경 말씀에 주의 전을 사모하는 열심이 나를 삼키리라 한 것을 기억하더라

필사 Note

Chapter 6 / 예루살렘에서의 예수님, 하나님의 참뜻을 찾는 논쟁

주님과의 대화

1. 오늘 말씀에서 발견한 예수님은 어떤 분이신가요?

2. (당신의 질문) 오늘 예수님께 이야기하고 싶은 것, 묻고 싶은 것을 적어주세요.

"

"

3. (그분의 답변) 주님은 당신의 이야기에, 질문에 무엇이라고 대답하시는 것 같나요? 주님께서 떠오르게 하시는 생각, 말씀, 행동이 있다면 적어보세요.

"

"

Day 3

열왕기상 9:3

여호와께서 그에게 이르시되 네 기도와 네가 내 앞에서 간구한 바를 내가 들었은즉 나는 네가 건축한 이 성전을 거룩하게 구별하여 내 이름을 영원히 그 곳에 두며 내 눈길과 내 마음이 항상 거기에 있으리니

열왕기상 8장 30~42

³⁰ 주의 종과 주의 백성 이스라엘이 이 곳을 향하여 기도할 때에 주는 그 간구함을 들으시되 주께서 계신 곳 하늘에서 들으시고 들으시사 사하여 주옵소서 ³¹ 만일 어떤 사람이 그 이웃에게 범죄함으로 맹세시킴을 받고 그가 와서 이 성전에 있는 주의 제단 앞에서 맹세하거든 ³³ 만일 주의 백성 이스라엘이 주께 범죄하여 적국 앞에 패하게 되므로 주께로 돌아와서 주의 이름을 인정하고 이 성전에서 주께 기도하며 간구하거든 ³⁵ 만일 그들이 주께 범죄함으로 말미암아 하늘이 닫히고 비가 없어서 주께 벌을 받을 때에 이 곳을 향하여 기도하며 주의 이름을 찬양하고 그들의 죄에서 떠나거든 ³⁷ 만일 이 땅에 기근이나 전염병이 있거나 곡식이 시들거나 깜부기가 나거나 메뚜기나 황충이 나거나 적국이 와서 성읍을 에워싸거나 무슨 재앙이나 무슨 질병이 있든지 막론하고 ³⁸ 한 사람이나 혹 주의 온 백성 이스라엘이 다 각각 자기의 마음에 재앙을 깨닫고 이 성전을 향하여 손을 펴고 무슨 기도나 무슨 간구를 하거든 ⁴¹ 또 주의 백성 이스라엘에 속하지 아니한 자 곧 주의 이름을 위하여 먼 지방에서 온 이방인이라도 ⁴² 그들이 주의 크신 이름과 주의 능한 손과 주의 펴신 팔의 소문을 듣고 와서 이 성전을 향하여 기도하거든

필사 Note

주님과의 대화

1. 오늘 말씀에서 발견한 예수님은 어떤 분이신가요?

2. (당신의 질문) 오늘 예수님께 이야기하고 싶은 것, 묻고 싶은 것을 적어주세요.

    "

                "

3. (그분의 답변) 주님은 당신의 이야기에, 질문에 무엇이라고 대답하시는 것 같나요? 주님께서 떠오르게 하시는 생각, 말씀, 행동이 있다면 적어보세요.

    "

                "

Day 4

마태복음 23:13~29

¹³ 화 있을진저 외식하는 서기관들과 바리새인들이여 너희는 천국 문을 사람들 앞에서 닫고 너희
도 들어가지 않고 들어가려 하는 자도 들어가지 못하게 하는도다 ¹⁵ 화 있을진저 외식하는 서기
관들과 바리새인들이여 너희는 교인 한 사람을 얻기 위하여 바다와 육지를 두루 다니다가 생기
면 너희보다 배나 더 지옥 자식이 되게 하는도다 ¹⁶ 화 있을진저 눈 먼 인도자여 너희가 말하되
누구든지 성전으로 맹세하면 아무 일 없거니와 성전의 금으로 맹세하면 지킬지라 하는도다 ²³
화 있을진저 외식하는 서기관들과 바리새인들이여 너희가 박하와 회향과 근채의 십일조는 드리
되 율법의 더 중한 바 정의와 긍휼과 믿음은 버렸도다 그러나 이것도 행하고 저것도 버리지 말아
야 할지니라 ²⁵ 화 있을진저 외식하는 서기관들과 바리새인들이여 잔과 대접의 겉은 깨끗이 하
되 그 안에는 탐욕과 방탕으로 가득하게 하는도다 ²⁷ 화 있을진저 외식하는 서기관들과 바리새
인들이여 회칠한 무덤 같으니 겉으로는 아름답게 보이나 그 안에는 죽은 사람의 뼈와 모든 더러
운 것이 가득하도다 ²⁹ 화 있을진저 외식하는 서기관들과 바리새인들이여 너희는 선지자들의 무
덤을 만들고 의인들의 비석을 꾸미며 이르되

필사 Note

주님과의 대화

1. 오늘 말씀에서 발견한 예수님은 어떤 분이신가요?

2. (당신의 질문) 오늘 예수님께 이야기하고 싶은 것, 묻고 싶은 것을 적어주세요.

"

"

3. (그분의 답변) 주님은 당신의 이야기에, 질문에 무엇이라고 대답하시는 것 같나요? 주님께서 떠오르게 하시는 생각, 말씀, 행동이 있다면 적어보세요.

"

"

Day 5

요한복음 17:1, 9, 20~23

1 예수께서 이 말씀을 하시고 눈을 들어 하늘을 우러러 이르시되 아버지여 때가 이르렀사오니 아들을 영화롭게 하사 아들로 아버지를 영화롭게 하게 하옵소서 9 내가 그들을 위하여 비옵나니 내가 비옵는 것은 세상을 위함이 아니요 내게 주신 자들을 위함이니이다 그들은 아버지의 것이로소이다 20 내가 비옵는 것은 이 사람들만 위함이 아니요 또 그들의 말로 말미암아 나를 믿는 사람들도 위함이니 21 아버지여, 아버지께서 내 안에, 내가 아버지 안에 있는 것 같이 그들도 다 하나가 되어 우리 안에 있게 하사 세상으로 아버지께서 나를 보내신 것을 믿게 하옵소서 22 내게 주신 영광을 내가 그들에게 주었사오니 이는 우리가 하나가 된 것 같이 그들도 하나가 되게 하려 함이니이다 23 곧 내가 그들 안에 있고 아버지께서 내 안에 계시어 그들로 온전함을 이루어 하나가 되게 하려 함은 아버지께서 나를 보내신 것과 또 나를 사랑하심 같이 그들도 사랑하신 것을 세상으로 알게 하려 함이로소이다

필사 Note

주님과의 대화

1. 오늘 말씀에서 발견한 예수님은 어떤 분이신가요?

2. (당신의 질문) 오늘 예수님께 이야기하고 싶은 것, 묻고 싶은 것을 적어주세요.

"

"

3. (그분의 답변) 주님은 당신의 이야기에, 질문에 무엇이라고 대답하시는 것 같나요? 주님께서 떠오르게 하시는 생각, 말씀, 행동이 있다면 적어보세요.

"

"

Chapter 7

십자가에서 죽으신 예수님,
죽음을 선택하신 이유

Day 1

마태복음 26:37~44

37 베드로와 세베대의 두 아들을 데리고 가실새 고민하고 슬퍼하사 38 이에 말씀하시되 내 마음이 매우 고민하여 죽게 되었으니 너희는 여기 머물러 나와 함께 깨어 있으라 하시고 39 조금 나아가사 얼굴을 땅에 대시고 엎드려 기도하여 이르시되 내 아버지여 만일 할 만하시거든 이 잔을 내게서 지나가게 하옵소서 그러나 나의 원대로 마시옵고 아버지의 원대로 하옵소서 하시고 40 제자들에게 오사 그 자는 것을 보시고 베드로에게 말씀하시되 너희가 나와 함께 한 시간도 이렇게 깨어 있을 수 없더냐 41 시험에 들지 않게 깨어 기도하라 마음에는 원이로되 육신이 약하도다 하시고 42 다시 두 번째 나아가 기도하여 이르시되 내 아버지여 만일 내가 마시지 않고는 이 잔이 내게서 지나갈 수 없거든 아버지의 원대로 되기를 원하나이다 하시고 43 다시 오사 보신즉 그들이 자니 이는 그들의 눈이 피곤함일러라 44 또 그들을 두시고 나아가 세 번째 같은 말씀으로 기도하신 후

마태복음 27:26~31

26 이에 바라바는 그들에게 놓아 주고 예수는 채찍질하고 십자가에 못 박히게 넘겨 주니라 27 이에 총독의 군병들이 예수를 데리고 관정 안으로 들어가서 온 군대를 그에게로 모으고 28 그의 옷을 벗기고 홍포를 입히며 29 가시관을 엮어 그 머리에 씌우고 갈대를 그 오른손에 들리고 그 앞에서 무릎을 꿇고 희롱하여 이르되 유대인의 왕이여 평안할지어다 하며 30 그에게 침 뱉고 갈대를 빼앗아 그의 머리를 치더라 31 희롱을 다 한 후 홍포를 벗기고 도로 그의 옷을 입혀 십자가에 못 박으려고 끌고 나가니라

필사 Note

주님과의 대화

1. 오늘 말씀에서 발견한 예수님은 어떤 분이신가요?

2. (당신의 질문) 오늘 예수님께 이야기하고 싶은 것, 묻고 싶은 것을 적어주세요.

"

"

3. (그분의 답변) 주님은 당신의 이야기에, 질문에 무엇이라고 대답하시는 것 같나요? 주님께서 떠오르게 하시는 생각, 말씀, 행동이 있다면 적어보세요.

"

"

Day 2

요한복음 19:19~21

¹⁹ 빌라도가 패를 써서 십자가 위에 붙이니 나사렛 예수 유대인의 왕이라 기록되었더라 ²⁰ 예수께서 못 박히신 곳이 성에서 가까운 고로 많은 유대인이 이 패를 읽는데 히브리와 로마와 헬라말로 기록되었더라 ²¹ 유대인의 대제사장들이 빌라도에게 이르되 유대인의 왕이라 쓰지 말고 자칭 유대인의 왕이라 쓰라 하니

마태복음 27:35~44

³⁵ 그들이 예수를 십자가에 못 박은 후에 그 옷을 제비 뽑아 나누고 ³⁶ 거기 앉아 지키더라 ³⁷ 그 머리 위에 이는 유대인의 왕 예수라 쓴 죄패를 붙였더라 ³⁸ 이 때에 예수와 함께 강도 둘이 십자가에 못 박히니 하나는 우편에, 하나는 좌편에 있더라 ³⁹ 지나가는 자들은 자기 머리를 흔들며 예수를 모욕하여 ⁴⁰ 이르되 성전을 헐고 사흘에 짓는 자여 네가 만일 하나님의 아들이어든 자기를 구원하고 십자가에서 내려오라 하며 ⁴¹ 그와 같이 대제사장들도 서기관들과 장로들과 함께 희롱하여 이르되 ⁴² 그가 남은 구원하였으되 자기는 구원할 수 없도다 그가 이스라엘의 왕이로다 지금 십자가에서 내려올지어다 그리하면 우리가 믿겠노라 ⁴³ 그가 하나님을 신뢰하니 하나님이 원하시면 이제 그를 구원하실지라 그의 말이 나는 하나님의 아들이라 하였도다 하며 ⁴⁴ 함께 십자가에 못 박힌 강도들도 이와 같이 욕하더라

필사 Note

주님과의 대화

1. 오늘 말씀에서 발견한 예수님은 어떤 분이신가요?

2. (당신의 질문) 오늘 예수님께 이야기하고 싶은 것, 묻고 싶은 것을 적어주세요.

"

"

3. (그분의 답변) 주님은 당신의 이야기에, 질문에 무엇이라고 대답하시는 것 같나요? 주님께서 떠오르게 하시는 생각, 말씀, 행동이 있다면 적어보세요.

"

"

Day 3

마태복음 27:46, 50

⁴⁶ 제구시쯤에 예수께서 크게 소리 질러 이르시되 엘리 엘리 라마 사박다니 하시니 이는 곧 나의 하나님, 나의 하나님, 어찌하여 나를 버리셨나이까 하는 뜻이라 ⁵⁰ 예수께서 다시 크게 소리 지르시고 영혼이 떠나시니라

요한복음 19:30

예수께서 신 포도주를 받으신 후에 이르시되 다 이루었다 하시고 머리를 숙이니 영혼이 떠나가시니라

누가복음 23:34, 46

³⁴ 이에 예수께서 이르시되 아버지 저들을 사하여 주옵소서 자기들이 하는 것을 알지 못함이니이다 하시더라 그들이 그의 옷을 나눠 제비 뽑을새 ⁴⁶ 예수께서 큰 소리로 불러 이르시되 아버지 내 영혼을 아버지 손에 부탁하나이다 하고 이 말씀을 하신 후 숨지시니라

필사 Note

Chapter 7 / 십자가에서 죽으신 예수님, 죽음을 선택하신 이유

주님과의 대화

1. 오늘 말씀에서 발견한 예수님은 어떤 분이신가요?

2. (당신의 질문) 오늘 예수님께 이야기하고 싶은 것, 묻고 싶은 것을 적어주세요.

"

"

3. (그분의 답변) 주님은 당신의 이야기에, 질문에 무엇이라고 대답하시는 것 같나요? 주님께서 떠오르게 하시는 생각, 말씀, 행동이 있다면 적어보세요.

"

"

Day 4

요한복음 11:47~52

47 이에 대제사장들과 바리새인들이 공회를 모으고 이르되 이 사람이 많은 표적을 행하니 우리가 어떻게 하겠느냐 48 만일 그를 이대로 두면 모든 사람이 그를 믿을 것이요 그리고 로마인들이 와서 우리 땅과 민족을 빼앗아 가리라 하니 49 그 중의 한 사람 그 해의 대제사장인 가야바가 그들에게 말하되 너희가 아무 것도 알지 못하는도다 50 한 사람이 백성을 위하여 죽어서 온 민족이 망하지 않게 되는 것이 너희에게 유익한 줄을 생각하지 아니하는도다 하였으니 51 이 말은 스스로 함이 아니요 그 해의 대제사장이므로 예수께서 그 민족을 위하시고 52 또 그 민족만 위할 뿐 아니라 흩어진 하나님의 자녀를 모아 하나가 되게 하기 위하여 죽으실 것을 미리 말함이러라

히브리서 12:2

믿음의 주요 또 온전하게 하시는 이인 예수를 바라보자 그는 그 앞에 있는 기쁨을 위하여 십자가를 참으사 부끄러움을 개의치 아니하시더니 하나님 보좌 우편에 앉으셨느니라

필사 Note

Chapter 7 / 십자가에서 죽으신 예수님, 죽음을 선택하신 이유

주님과의 대화

1. 오늘 말씀에서 발견한 예수님은 어떤 분이신가요?

2. (당신의 질문) 오늘 예수님께 이야기하고 싶은 것, 묻고 싶은 것을 적어주세요.

“

”

3. (그분의 답변) 주님은 당신의 이야기에, 질문에 무엇이라고 대답하시는 것 같나요? 주님께서 떠오르게 하시는 생각, 말씀, 행동이 있다면 적어보세요.

“

”

Day 5

이사야 53:3~8

³ 그는 멸시를 받아 사람들에게 버림 받았으며 간고를 많이 겪었으며 질고를 아는 자라 마치 사람들이 그에게서 얼굴을 가리는 것 같이 멸시를 당하였고 우리도 그를 귀히 여기지 아니하였도다 ⁴ 그는 실로 우리의 질고를 지고 우리의 슬픔을 당하였거늘 우리는 생각하기를 그는 징벌을 받아 하나님께 맞으며 고난을 당한다 하였노라 ⁵ 그가 찔림은 우리의 허물 때문이요 그가 상함은 우리의 죄악 때문이라 그가 징계를 받으므로 우리는 평화를 누리고 그가 채찍에 맞으므로 우리는 나음을 받았도다 ⁶ 우리는 다 양 같아서 그릇 행하여 각기 제 길로 갔거늘 여호와께서는 우리 모두의 죄악을 그에게 담당시키셨도다 ⁷ 그가 곤욕을 당하여 괴로울 때에도 그의 입을 열지 아니하였음이여 마치 도수장으로 끌려 가는 어린 양과 털 깎는 자 앞에서 잠잠한 양 같이 그의 입을 열지 아니하였도다 ⁸ 그는 곤욕과 심문을 당하고 끌려 갔으나 그 세대 중에 누가 생각하기를 그가 살아 있는 자들의 땅에서 끊어짐은 마땅히 형벌 받을 내 백성의 허물 때문이라 하였으리요

필사 Note

Chapter 7 / 십자가에서 죽으신 예수님, 죽음을 선택하신 이유

주님과의 대화

1. 오늘 말씀에서 발견한 예수님은 어떤 분이신가요?

2. (당신의 질문) 오늘 예수님께 이야기하고 싶은 것, 묻고 싶은 것을 적어주세요.

"

"

3. (그분의 답변) 주님은 당신의 이야기에, 질문에 무엇이라고 대답하시는 것 같나요? 주님께서 떠오르게 하시는 생각, 말씀, 행동이 있다면 적어보세요.

"

"

Chapter 8

부활하신 예수님,
다시 살아나심으로 보증한 사랑

Day 1

마태복음 28:1~10

¹ 안식일이 다 지나고 안식 후 첫날이 되려는 새벽에 막달라 마리아와 다른 마리아가 무덤을 보려고 갔더니 ² 큰 지진이 나며 주의 천사가 하늘로부터 내려와 돌을 굴려 내고 그 위에 앉았는데 ³ 그 형상이 번개 같고 그 옷은 눈 같이 희거늘 ⁴ 지키던 자들이 그를 무서워하여 떨며 죽은 사람과 같이 되었더라 ⁵ 천사가 여자들에게 말하여 이르되 너희는 무서워하지 말라 십자가에 못 박히신 예수를 너희가 찾는 줄을 내가 아노라 ⁶ 그가 여기 계시지 않고 그가 말씀 하시던 대로 살아나셨느니라 와서 그가 누우셨던 곳을 보라 ⁷ 또 빨리 가서 그의 제자들에게 이르되 그가 죽은 자 가운데서 살아나셨고 너희보다 먼저 갈릴리로 가시나니 거기서 너희가 뵈오리라 하라 보라 내가 너희에게 일렀느니라 하거늘 ⁸ 그 여자들이 무서움과 큰 기쁨으로 빨리 무덤을 떠나 제자들에게 알리려고 달음질할새 ⁹ 예수께서 그들을 만나 이르시되 평안하냐 하시거늘 여자들이 나아가 그 발을 붙잡고 경배하니 ¹⁰ 이에 예수께서 이르시되 무서워하지 말라 가서 내 형제들에게 갈릴리로 가라 하라 거기서 나를 보리라 하시니라

필사 Note

주님과의 대화

1. 오늘 말씀에서 발견한 예수님은 어떤 분이신가요?

2. (당신의 질문) 오늘 예수님께 이야기하고 싶은 것, 묻고 싶은 것을 적어주세요.

"

"

3. (그분의 답변) 주님은 당신의 이야기에, 질문에 무엇이라고 대답하시는 것 같나요? 주님께서 떠오르게 하시는 생각, 말씀, 행동이 있다면 적어보세요.

"

"

Day 2

고린도전서 15:16~24

¹⁶ 만일 죽은 자가 다시 살아나는 일이 없으면 그리스도도 다시 살아나신 일이 없었을 터이요 ¹⁷ 그리스도께서 다시 살아나신 일이 없으면 너희의 믿음도 헛되고 너희가 여전히 죄 가운데 있을 것이요 ¹⁸ 또한 그리스도 안에서 잠자는 자도 망하였으리니 ¹⁹ 만일 그리스도 안에서 우리가 바라는 것이 다만 이 세상의 삶뿐이면 모든 사람 가운데 우리가 더욱 불쌍한 자이리라 ²⁰ 그러나 이제 그리스도께서 죽은 자 가운데서 다시 살아나사 잠자는 자들의 첫 열매가 되셨도다 ²¹ 사망이 한 사람으로 말미암았으니 죽은 자의 부활도 한 사람으로 말미암는도다 ²² 아담 안에서 모든 사람이 죽은 것 같이 그리스도 안에서 모든 사람이 삶을 얻으리라 ²³ 그러나 각각 자기 차례대로 되리니 먼저는 첫 열매인 그리스도요 다음에는 그가 강림하실 때에 그리스도에게 속한 자요 ²⁴ 그 후에는 마지막이니 그가 모든 통치와 모든 권세와 능력을 멸하시고 나라를 아버지 하나님께 바칠 때라

필사 Note

주님과의 대화

1. 오늘 말씀에서 발견한 예수님은 어떤 분이신가요?

2. (당신의 질문) 오늘 예수님께 이야기하고 싶은 것, 묻고 싶은 것을 적어주세요.

"

"

3. (그분의 답변) 주님은 당신의 이야기에, 질문에 무엇이라고 대답하시는 것 같나요? 주님께서 떠오르게 하시는 생각, 말씀, 행동이 있다면 적어보세요.

"

"

Day 3

요한복음 21:3~17

³ 시몬 베드로가 나는 물고기 잡으러 가노라 하니 그들이 우리도 함께 가겠다 하고 나가서 배에 올랐으나 그 날 밤에 아무 것도 잡지 못하였더니 ⁴ 날이 새어갈 때에 예수께서 바닷가에 서셨으나 제자들이 예수이 신 줄 알지 못하는지라 ⁵ 예수께서 이르시되 얘들아 너희에게 고기가 있느냐 대답하되 없나이다 ⁶ 이르시 되 그물을 배 오른편에 던지라 그리하면 잡으리라 하시니 이에 던졌더니 물고기가 많아 그물을 들 수 없더 라 ⁷ 예수께서 사랑하시는 그 제자가 베드로에게 이르되 주님이시라 하니 시몬 베드로가 벗고 있다가 주 님이라 하는 말을 듣고 겉옷을 두른 후에 바다로 뛰어 내리더라 ⁸ 다른 제자들은 육지에서 거리가 불과 한 오십 칸쯤 되므로 작은 배를 타고 물고기 든 그물을 끌고 와서 ⁹ 육지에 올라보니 숯불이 있는데 그 위에 생선이 놓였고 떡도 있더라 ¹⁰ 예수께서 이르시되 지금 잡은 생선을 좀 가져오라 하시니 ¹¹ 시몬 베드로 가 올라가서 그물을 육지에 끌어 올리니 가득히 찬 큰 물고기가 백쉰세 마리라 이같이 많으나 그물이 찢어 지지 아니하였더라 ¹² 예수께서 이르시되 와서 조반을 먹으라 하시니 제자들이 주님이신 줄 아는 고로 당 신이 누구냐 감히 묻는 자가 없더라 ¹³ 예수께서 가셔서 떡을 가져다가 그들에게 주시고 생선도 그와 같이 하시니라 ¹⁴ 이것은 예수께서 죽은 자 가운데서 살아나신 후에 세 번째로 제자들에게 나타나신 것이라 ¹⁵ 그들이 조반 먹은 후에 예수께서 시몬 베드로에게 이르시되 요한의 아들 시몬아 네가 이 사람들보다 나를 더 사랑하느냐 하시니 이르되 주님 그러하나이다 내가 주님을 사랑하는 줄 주님께서 아시나이다 이르시 되 내 어린 양을 먹이라 하시고 ¹⁶ 또 두 번째 이르시되 요한의 아들 시몬아 네가 나를 사랑하느냐 하시니 이르되 주님 그러하나이다 내가 주님을 사랑하는 줄 주님께서 아시나이다 이르시되 내 양을 치라 하시고 ¹⁷ 세 번째 이르시되 요한의 아들 시몬아 네가 나를 사랑하느냐 하시니 주께서 세 번째 네가 나를 사랑하느 냐 하시므로 베드로가 근심하여 이르되 주님 모든 것을 아시오매 내가 주님을 사랑하는 줄을 주님께서 아 시나이다 예수께서 이르시되 내 양을 먹이라

필사 Note

주님과의 대화

1. 오늘 말씀에서 발견한 예수님은 어떤 분이신가요?

2. (당신의 질문) 오늘 예수님께 이야기하고 싶은 것, 묻고 싶은 것을 적어주세요.

66

99

3. (그분의 답변) 주님은 당신의 이야기에, 질문에 무엇이라고 대답하시는 것 같나요? 주님께서 떠오르게 하시는 생각, 말씀, 행동이 있다면 적어보세요.

66

99

Day 4

요한복음 20:24~29

24 열두 제자 중의 하나로서 디두모라 불리는 도마는 예수께서 오셨을 때에 함께 있지 아니한지라 25 다른 제자들이 그에게 이르되 우리가 주를 보았노라 하니 도마가 이르되 내가 그의 손의 못 자국을 보며 내 손가락을 그 못 자국에 넣으며 내 손을 그 옆구리에 넣어 보지 않고는 믿지 아니하겠노라 하니라 26 여드레를 지나서 제자들이 다시 집 안에 있을 때에 도마도 함께 있고 문들이 닫혔는데 예수께서 오사 가운데 서서 이르시되 너희에게 평강이 있을지어다 하시고 27 도마에게 이르시되 네 손가락을 이리 내밀어 내 손을 보고 네 손을 내밀어 내 옆구리에 넣어 보라 그리하여 믿음 없는 자가 되지 말고 믿는 자가 되라 28 도마가 대답하여 이르되 나의 주님이시요 나의 하나님이시니이다 29 예수께서 이르시되 너는 나를 본 고로 믿느냐 보지 못하고 믿는 자들은 복되도다 하시니라

필사 Note

Chapter 8 / 부활하신 예수님, 다시 살아나심으로 보증한 사랑

주님과의 대화

1. 오늘 말씀에서 발견한 예수님은 어떤 분이신가요?

2. (당신의 질문) 오늘 예수님께 이야기하고 싶은 것, 묻고 싶은 것을 적어주세요.

"

"

3. (그분의 답변) 주님은 당신의 이야기에, 질문에 무엇이라고 대답하시는 것 같나요? 주님께서 떠오르게 하시는 생각, 말씀, 행동이 있다면 적어보세요.

"

"

Day 5

사도행전 1:3~9

3 그가 고난 받으신 후에 또한 그들에게 확실한 많은 증거로 친히 살아 계심을 나타내사 사십 일 동안 그들에게 보이시며 하나님 나라의 일을 말씀하시니라 4 사도와 함께 모이사 그들에게 분부하여 이르시되 예루살렘을 떠나지 말고 내게서 들은 바 아버지께서 약속하신 것을 기다리라 5 요한은 물로 세례를 베풀었으나 너희는 몇 날이 못되어 성령으로 세례를 받으리라 하셨느니라 6 그들이 모였을 때에 예수께 여쭈어 이르되 주께서 이스라엘 나라를 회복하심이 이 때니이까 하니 7 이르시되 때와 시기는 아버지께서 자기의 권한에 두셨으니 너희가 알 바 아니요 8 오직 성령이 너희에게 임하시면 너희가 권능을 받고 예루살렘과 온 유대와 사마리아와 땅 끝까지 이르러 내 증인이 되리라 하시니라 9 이 말씀을 마치시고 그들이 보는데 올려져 가시니 구름이 그를 가리어 보이지 않게 하더라

필사 Note

Chapter 8 / 부활하신 예수님, 다시 살아나심으로 보증한 사랑

주님과의 대화

1. 오늘 말씀에서 발견한 예수님은 어떤 분이신가요?

2. (당신의 질문) 오늘 예수님께 이야기하고 싶은 것, 묻고 싶은 것을 적어주세요.

"
"

3. (그분의 답변) 주님은 당신의 이야기에, 질문에 무엇이라고 대답하시는 것 같나요? 주님께서 떠오르게 하시는 생각, 말씀, 행동이 있다면 적어보세요.

"
"

여정 필사노트 Season 2. 예수님

초판 1쇄 발행   2025년 3월 20일
지은이   이연임
기획   정강욱 이연임
편집   백예인
디자인   김형진
출판   리얼러닝
주소   서울시 마포구 어울마당로1길 18, 2층
전화   02-337-0333
이메일   withreallearning@gmail.com
출판등록   제 406-2020-000085호
ISBN   979-11-988408-9-9